Cursive Handwriting Workbook 2nd Grade
(Baby Professor Learning Books)

BABY PROFESSOR
EDUCATION KIDS

a a a a

a a a a

$\mathcal{B}$ $\mathcal{B}$ $\mathcal{B}$ $\mathcal{B}$

b b b b

A B C D E F G H I J K L M
N O P Q R S T U V W X Y Z

D D D D

d d d d

A B C D E F G H I J K L M
N O P Q R S T U V W X Y Z

A B C D E F G H I J K L M
N O P Q R S T U V W X Y Z

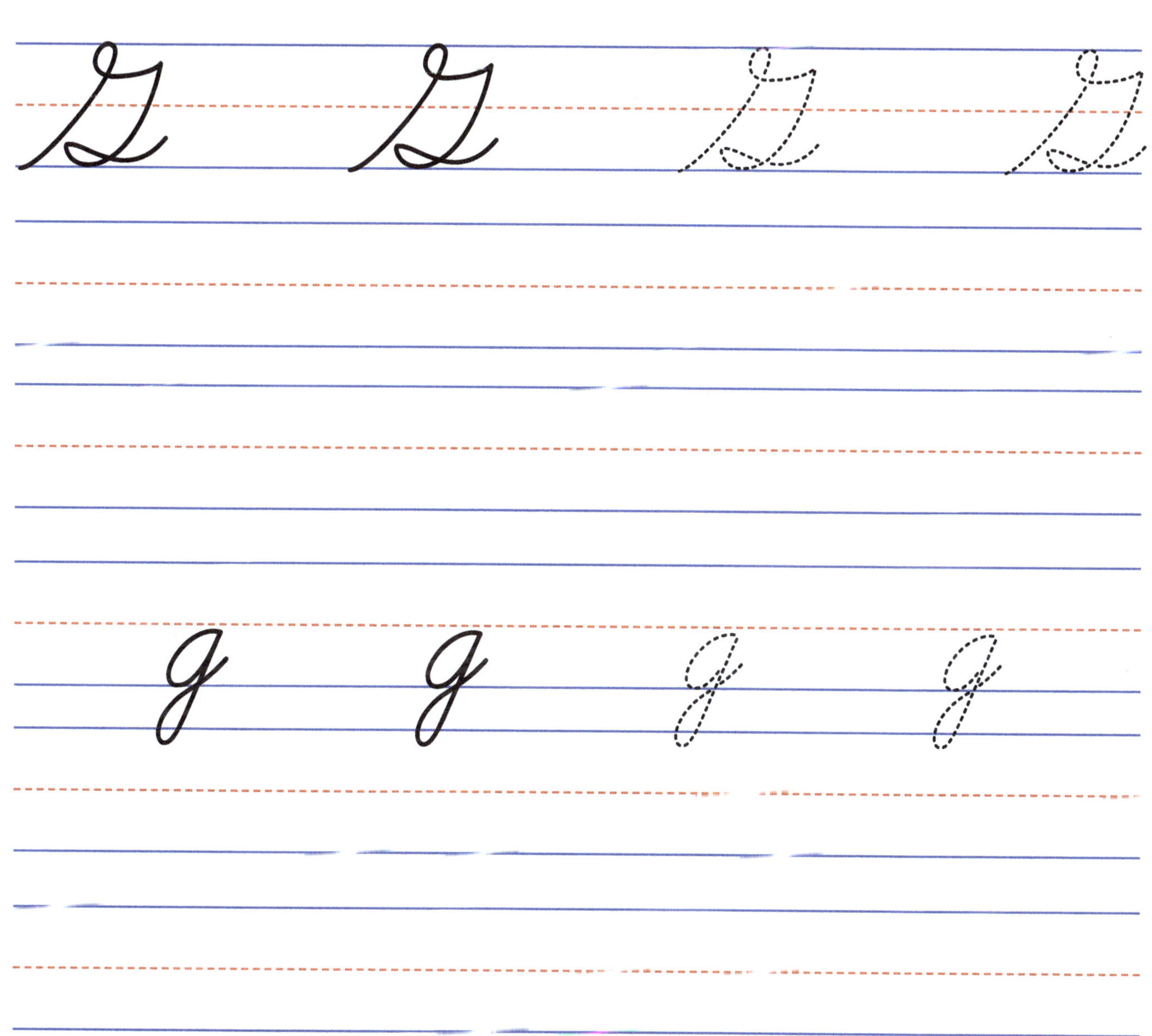

H H H H

h h h h

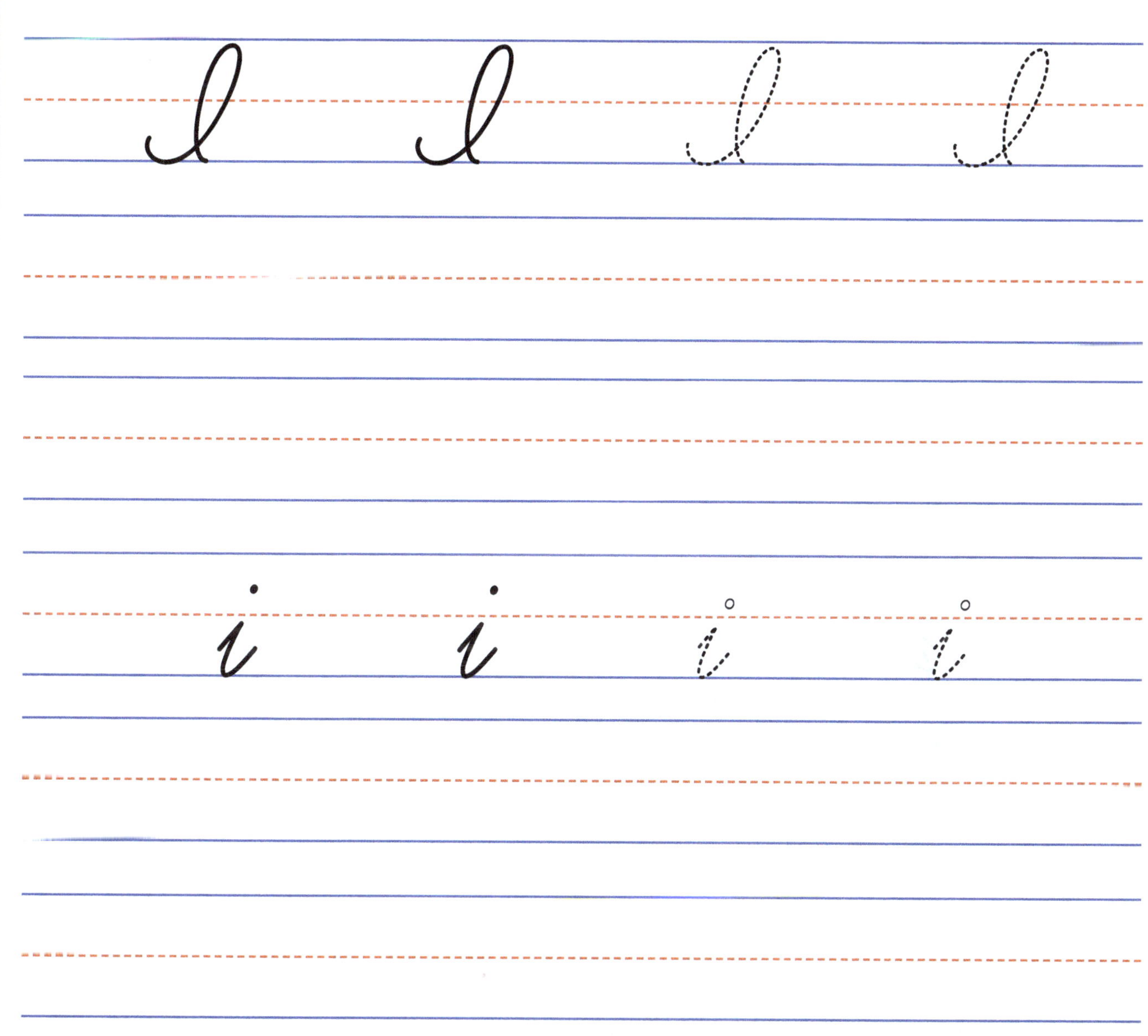

A B C D E F G H I J K L M
N O P Q R S T U V W X Y Z

$\mathcal{L}$ $\mathcal{L}$ $\mathcal{L}$ $\mathcal{L}$

ℓ ℓ ℓ ℓ

$\mathcal{M}$ $\mathcal{M}$ $\mathcal{M}$ $\mathcal{M}$

m m m m

A B C D E F G H I J K L M
N O P Q R S T U V W X Y Z

$\mathscr{P}$ $\mathscr{P}$ $\mathscr{P}$ $\mathscr{P}$

$\mathcal{p}$ $\mathcal{p}$ $\mathcal{p}$ $\mathcal{p}$

R   R   R   R

r   r   r   r

A B C D E F G H I J K L M
N O P Q R S T U V W X Y Z

T T T T

t t t t

A B C D E F G H I J K L M
N O P Q R S T U V W X Y Z

A B C D E F G H I J K L M
N O P Q R S T U V W X Y Z

A B C D E F G H I J K L M
N O P Q R S T U V W X Y Z

A B C D E F G H I J K L M
N O P Q R S T U V W X Y Z

A B C D E F G H I J K L M
N O P Q R S T U V W X Y Z

A B C D E F G H I J K L M
N O P Q R S T U V W X Y Z

A B C D E F G H I J K L M
N O P Q R S T U V W X Y Z

Aa *Bb* *Cc*

Dd *Ee* *Ff*

Gg *Hh* *Ii*

A B C D E F G H I J K L M
N O P Q R S T U V W X Y Z

Jj *Kk* *Ll*

Mm *Nn* *Oo*

Pp *Qq* *Rr*

A B C D E F G H I J K L M
N O P Q R S T U V W X Y Z

Ss Tt Uu
Vv Ww Xx
Yy Zz